La reproducción de las plantas

T0141595

Shelly C. Buchanan, M.S.

Asesora

Leann Iacuone, M.A.T., NBCT, ATC
Riverside Unified School District

Créditos de publicación

Rachelle Cracchiolo, M.S.Ed., *Editora comercial*
Conni Medina, M.A.Ed., *Gerente editorial*
Diana Kenney, M.A.Ed., NBCT, *Editora principal*
Dona Herweck Rice, *Realizadora de la serie*
Robin Erickson, *Diseñadora de multimedia*
Timothy Bradley, *Ilustrador*

Créditos de las imágenes: Portada, pág.1
Shutterstock; pág.7 Andreas S.Ween / Alamy; pág.17 B.A.E.
Inc. / Alamy; pág.20 Bob Gibbons/ Science Source; pág.19
David Nunuk/ Science Source; pág.27 Getty Images/Gallo
Images; págs.5, 6, 7,10, 11, 13, 14, 17, 19, 20, 21, 24, 25, 26,
31 iStock; págs.28,29 J. J. Rudisill; págs.8, 22 John Serrao
/ Science Source; pág.9 Krystyna Szulecka/FLPA / Science
Source; pág.12 Martin Shields / Science Source; pág.15
Merlin D. Tuttle; pág.22 Nature Picture Library / Alamy;
págs.18, 32 Nigel Cattlin / Alamy; pág.24 Nigel Cattlin /
Science Source; pág.23 Scott Camazine/ Science Source;
las demás imágenes cortesía de Shutterstock.

Teacher Created Materials
5301 Oceanus Drive
Huntington Beach, CA 92649-1030
http://www.tcmpub.com
ISBN 978-1-4258-4692-3

© 2018 Teacher Created Materials, Inc.
Printed in China
51497

Contenido

Crece una nueva generación

Todos los seres vivos, desde un caracol hasta un gorila, nacen y crecen. Y todos los seres vivos finalmente envejecen y mueren. Algunos viven por pocos días, como la mosca efímera. Otros viven cientos de años, como es el caso de un roble. Antes de morir, los seres vivos deben reproducirse para que la especie no se extinga. Al igual que los demás seres vivos, las plantas también deben reproducirse para sobrevivir.

¡Hay más de 400,000 tipos de plantas en el mundo! Pero todas se reproducen de dos maneras principales. Algunas plantas usan semillas. Otras plantas se reproducen mediante **esporas**. Las esporas son células de las plantas que crean nuevas plantas. Hay ventajas y desventajas en ambos tipos de reproducción. Pero no hay duda respecto de que todos los seres vivos se benefician de tener plantas a su alrededor. Cuando de la vida en la Tierra se trata, ¡cuantas más plantas, mejor!

esporas aumentadas debajo de una hoja de helecho

¡Más y más!

Las semillas y las esporas representan dos maneras comunes para que las plantas se reproduzcan. Pero también existen otras maneras.

Brotación

Los brotes de la planta original se pueden cortar y volver a plantar para **clonar** una planta nueva.

Fragmentación

Pequeñas partes de la planta o el tallo caen al suelo y crecen como una nueva planta.

Propagación

Las plantas pueden producir tallos horizontales que se hunden en la tierra, forman raíces y dan vida a una nueva planta.

La siembra de las semillas

Muchas plantas usan las semillas para producir la siguiente generación. Pueden parecer sencillas, pero las semillas son maravillosas. Una sola semilla contiene todas las instrucciones que una planta necesita para crecer y sobrevivir. Es posible que produzcan manzanos grandiosos o altísimas secuoyas. ¡Y todo eso te cabe en la palma de la mano!

Las semillas son óvulos fertilizados. Contienen un suministro de comida y un **embrión**. Dentro del embrión se encuentran las primeras hojas y las raíces de la nueva planta. Una coraza gruesa llamada *testa* protege tanto el alimento como el embrión. En ocasiones, las semillas esperan un largo tiempo antes de crecer. Las condiciones deben ser las adecuadas. Las semillas deben esperar las temperaturas más cálidas o tal vez, más humedad. Mientras tanto, el suministro de alimento nutre al embrión.

semilla de albaricoque

semilla de aguacate

Las palmeras cocoteras producen solamente unas pocas semillas de coco grandes.

¡El árbol de trompetas puede producir hasta 900,000 semillas!

semillas de trompeta de ángel

Semillas, semillas, semillas

Cada tipo de planta tiene una semilla diferente. Algunas producen pocas semillas. Otras producen cientos de miles de semillas. Estas quieren aumentar sus posibilidades de reproducirse.

guisantes

semillas de vainilla

semillas de granada

bellotas

Gimnospermas

Existen dos tipos de plantas que producen semillas: **gimnospermas** y **angiospermas**. Las gimnospermas almacenan las semillas en conos. Los conos son la parte dura de la planta que está expuesta. Piensa en una piña de pino. La mayoría de las plantas con conos también se denominan *coníferas*. La mayor parte de las coníferas son árboles, por ejemplo, los abetos, cipreses, pinos, cedros y secuoyas. ¡Algunas de estas plantas aparecieron por primera vez hace cerca de 400 millones de años!

Las coníferas producen conos macho y hembra. Los conos macho tienen brotes pequeños que vienen en una variedad de colores, entre ellos rojo, púrpura y amarillo. Los conos macho producen polen. El polen es el polvo fino que ayuda a generar plantas nuevas. Cuando piensas en conos, tal vez pienses en conos grandes y sencillos. Estos son los conos hembra. Hay escamas pegajosas que mantienen los óvulos en su lugar, adentro de los conos hembra. El viento lleva el polen desde el cono macho hacia el cono hembra. Cuando el polen llega a los óvulos, se crean las semillas. Este proceso se llama **fertilización**.

piñas masculinas del pino de Banks

Cuando las semillas se han desarrollado, son liberadas de los conos. Usualmente sucede cuando los conos caen al suelo. Posiblemente el viento sople las semillas. O las altas temperaturas pueden agrietar los conos. Cuando las semillas son liberadas, necesitan suelo fértil para **germinar**. Luego, las semillas pueden comenzar a crecer y convertirse en una planta.

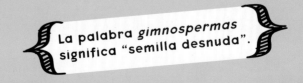

La palabra *gimnospermas* significa "semilla desnuda".

Análisis de las gimnospermas

Las gimnospermas viven vidas largas. Dependen del viento para reproducirse y no necesitan atraer a animales para ayudar con el proceso de la fertilización.

coníferas

Coníferas
- hojas en forma de aguja con una cobertura cerosa
- los conos crecen en la punta de las ramas
- son polinizadas por el viento

gnetales

Gnetales
- vides en forma de arbusto, árboles
- hojas grandes que parecen cuero
- los conos pequeños crecen de las ramas en racimos
- son polinizadas por los insectos

Ginkgos
- hojas en forma de abanico
- los conos son pequeños y cuelgan de las ramas
- son polinizados por el viento

Cícadas
- hojas grandes en forma de palma
- grandes conos nacen en el centro de las hojas
- las semillas son dispersadas por los animales

ginkgos

cícada

Angiospermas

El otro tipo de planta que produce semillas se denomina *angiosperma*. La mayoría de las plantas del mundo son angiospermas. Estas plantas producen las semillas dentro de la flor y protegen las semillas dentro del fruto. Aunque a veces es difícil ver el fruto que la flor produce, todas las angiospermas producen frutos. Cuando las semillas son liberadas, germinan en el suelo. Luego, crecen como las gimnospermas. Las plantas han usado este método de reproducción durante más de 135 millones de años.

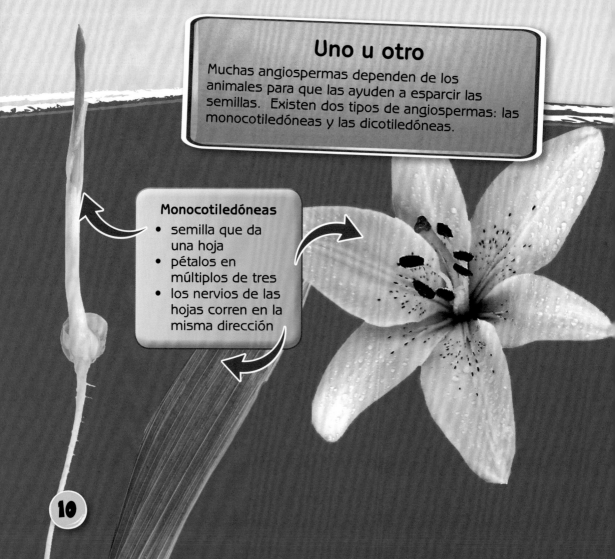

Uno u otro

Muchas angiospermas dependen de los animales para que las ayuden a esparcir las semillas. Existen dos tipos de angiospermas: las monocotiledóneas y las dicotiledóneas.

Monocotiledóneas

- semilla que da una hoja
- pétalos en múltiplos de tres
- los nervios de las hojas corren en la misma dirección

Las flores, frutas y semillas son las partes reproductivas de este tipo de planta. Muchas personas las comen y disfrutan de su dulce sabor. Observa con atención la próxima vez que comas fresas: están cubiertas de pequeñas semillas. Las aves, los insectos y los mamíferos disfrutan de comer angiospermas.

Angiospermas únicas

Con frecuencia las angiospermas son llamadas *plantas que dan flores*. Pero sus flores no son siempre fáciles de reconocer. Algunas plantas suculentas, como la sábila y el cactus, son angiospermas. Las alcachofas, las coles de bruselas, los pepinos y los frijoles son angiospermas.

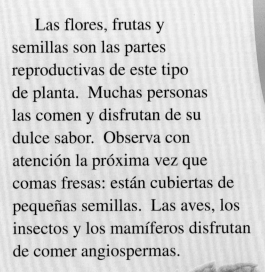

Dicotiledóneas

- semilla que da dos hojas
- el tallo o tronco crece en anillos
- nervios ramificados
- pétalos en múltiplos de cinco

El poder de las flores

Las flores son atractivas. Tienen muchas formas, tamaños y colores diferentes. No solo son hermosas sino también complejas. Las partes femeninas y masculinas trabajan en conjunto para crear las semillas que serán la siguiente generación de plantas.

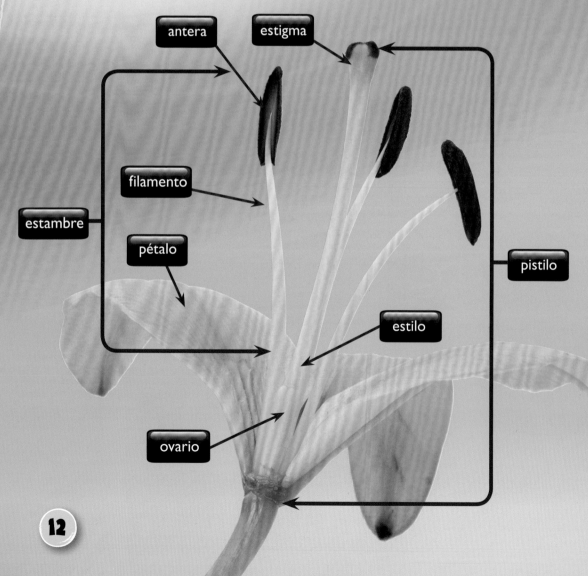

antera

estigma

filamento

estambre

pétalo

pistilo

estilo

ovario

Polinización

La parte femenina de una flor se denomina *pistilo*. Usualmente se encuentra en el centro de la flor. Incluye el estigma, el estilo y el ovario. El pegajoso estigma está en la parte superior de la flor. ¿Por qué crees que el estigma está cubierto con una capa pegajosa? Porque así atrapa el polen. El estilo es la estructura intermedia, similar a un tubo, que conecta el estigma con el ovario. Allí se produce el óvulo.

La parte masculina de la flor se denomina *estambre*. Allí es donde se produce el polen. El estambre tiene dos partes. La parte superior es la antera, que contiene polen. La parte inferior es el filamento. Es como un brazo que sostiene la antera en la flor. Una flor es polinizada cuando el polen de la antera llega al estigma.

Simplemente perfectas

Las plantas que tienen partes femeninas y masculinas se denominan *flores perfectas*. Las rosas, los lirios y los hibiscos son ejemplos de flores perfectas. Las plantas que dan flores con partes únicamente femeninas o masculinas se denominan *flores imperfectas*. El pepino, la calabaza y el melón son todos ejemplos de flores imperfectas.

pepino

¿Pero cómo llega el polen masculino al estigma femenino? De manera similar a lo que sucede con las gimnospermas, el viento sopla el polen. La lluvia también puede mover el polen. Pero las angiospermas tienen otra ventaja. ¿Recuerdas los pétalos de colores brillantes que rodean a las plantas que dan flores? Pues bien, atraen insectos y otros animales. Estas criaturas transportan o mueven el polen. Las abejas y los colibríes se sienten atraídos por las dulces y hermosas flores. Recolectan el pegajoso polen en sus patas mientras chupan el néctar de las plantas. Luego, llevan el polen a la siguiente flor. Durante este proceso, el polen viaja de la antera al estigma.

Las flores saben cómo atraer a los **polinizadores**. Los colores brillantes como el rosado, rojo, naranja y amarillo atraen a insectos y aves. Algunos pétalos están marcados con líneas brillantes. Otros tienen patrones únicos. Todas estas cosas permiten que las angiospermas sigan creciendo. Y el momento más importante se produce cuando se encuentran el polen y el estigma. Ese es el comienzo de la **polinización**.

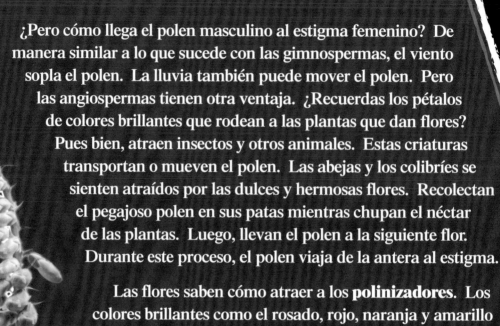

El tubo de la flor de madreselv tiene la forma perfecta para el pico de un colibrí.

La flor de la dedalera tiene un acogedor túnel que ayuda a los insectos a encontrar néctar.

14

Las formas de las flores

Las flores están diseñadas para tener en cuenta los insectos, las aves y otros animales.

La flor polinizada por los murciélagos recibe el polen gracias a (¡sí, adivinaste!) los murciélagos.

No todas las plantas tienen flores hermosas. Aún así, deben encontrar la manera de ser polinizadas. Estas plantas usan entonces el viento para polinizarse. No necesitan pétalos de colores para atraer a los animales. Sin embargo, necesitan producir mucho polen.

¿Alguna vez has notado las nubes de insectos que sobrevuelan las plantas? Esto sucede más a menudo en el verano. Muchos pastos, arbustos y árboles producen grandes cantidades de polen. Este polen es minúsculo y liviano, de manera que el viento puede trasladarlo cientos de millas desde la planta progenitora.

El viento puede ser un polinizador complejo y no siempre confiable. A veces hay mucho viento. Otras veces, no hay viento en absoluto. Además, el viento no siempre es preciso. Es posible que el viento no aterrice en el estigma de la planta correcta. Por eso, estas plantas progenitoras deben producir una gran cantidad de polen. Deben aumentar sus posibilidades de reproducirse.

ciruela

albaricoque

pluot

Descendiente

Una planta joven creada por dos plantas progenitoras será muy parecida a sus progenitoras. Pero también será levemente diferente. Tendrá una combinación de rasgos de ambas plantas progenitoras. Un *pluot* es un **híbrido** entre la ciruela y el albaricoque.

La molestia de la fiebre del heno

El polen en el aire puede ser un problema. Las partículas de polvo entran con facilidad a la nariz, los ojos y la boca. Los ojos llorosos, estornudos y dolores de cabeza no son divertidos. ¡Ay!

polen bajo un microscopio

El polen de los pinos vuela en el aire.

Fertilización

La polinización es solo el primer paso en el proceso de la reproducción de una flor. Cuando el polen llega al estigma, todavía tiene que llegar al estilo. Sucede de forma natural. El polen tiene que llegar al ovario. El ovario es donde se formará la nueva planta. Cuando el polen llegue al ovario, encontrará un óvulo. Cuando ambos se combinan, se lleva a cabo la fertilización. ¡Y así nace la semilla!

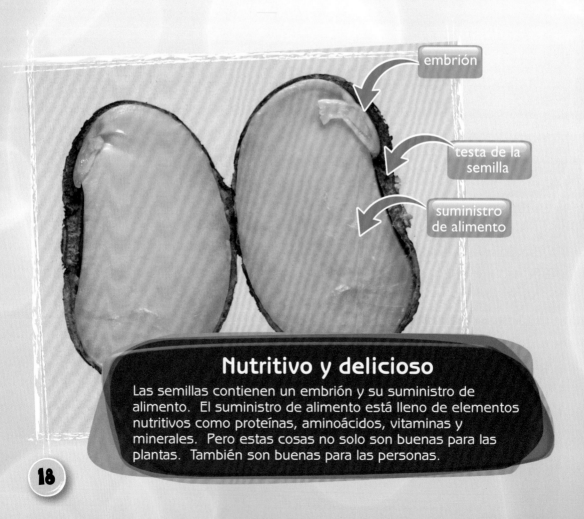

embrión

testa de la semilla

suministro de alimento

Nutritivo y delicioso

Las semillas contienen un embrión y su suministro de alimento. El suministro de alimento está lleno de elementos nutritivos como proteínas, aminoácidos, vitaminas y minerales. Pero estas cosas no solo son buenas para las plantas. También son buenas para las personas.

flores de calabaza

Cuando el óvulo de la flor hembra de la calabaza es fertilizado, comienza a crecer un fruto de calabaza.

calabaza

La palabra *ovario* se deriva de la palabra latina que significa *huevo*.

Los óvulos están almacenados en el ovario de la planta. Un óvulo tiene la mitad del **material genético** necesario para formar una nueva planta. Estos genes actúan como instrucciones que le dicen a la planta cómo crecer y sobrevivir. El polen tiene la otra mitad del material genético. Cuando un óvulo se combina con el polen, comienza a formarse la semilla. Tiene todas las instrucciones que necesita para convertirse en una planta adulta.

Para algunas plantas, el proceso de fertilización solo toma unas horas. Para otras, como las orquídeas, el proceso es más largo.

Dispersión de las semillas

Muchas semillas necesitan alejarse de la planta progenitora para sobrevivir. Necesitan encontrar el suelo que les permita crecer. Una pequeña área de tierra puede sustentar solo un número limitado de plantas. En cualquier lugar, el suelo, el sol, el agua y el suministro de alimento son limitados. El esparcimiento de las semillas aumenta las posibilidades de que las semillas echen raíces y crezcan. Esto se denomina *diseminación de las semillas*.

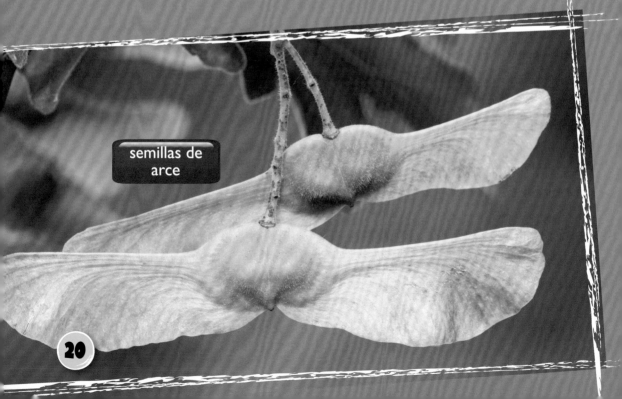

semillas de arce

semilla de
diente de león

Solo esperan

¡Algunas plantas usan la gravedad para dispersar las semillas! Debido a que la planta vive una sola temporada, simplemente deja que las semillas caigan a tierra. Para cuando la nueva planta se ha desarrollado, la planta progenitora ya no está.

semillas de
cilantro

En un esfuerzo por salvar las plantas en peligro de extinción, el banco de semillas Millennium Seed Bank ha recolectado y almacenado más de 20,000 especies de semillas.

Las semillas se dispersan de diferentes maneras, según el tamaño, la forma y la textura. Es muy poco probable ver una gigantesca semilla de coco volando por el aire. Y si la ves, ¡ten cuidado! Pero las livianas semillas de diente de león están diseñadas para volar por el aire. Flotan con facilidad en el viento hacia nuevos lugares. Parecen helicópteros en miniatura. Las semillas que viajan por el aire necesitan ser pequeñas y livianas. Las semillas de orquídea y amapola son muy pequeñas. Se sacuden de la misma fruta que las produce. Otras semillas están diseñadas para salir volando con la mínima ventisca. Las semillas de arce tienen forma de propulsor para poder volar.

La lluvia, los arroyos y los ríos sirven como sistemas de transporte para algunas semillas. Por lo general, las semillas que viajan en el agua tienen una cubierta protectora a prueba de agua. Los cocos pueden viajar cientos de millas por el agua. Muchas de estas semillas tienen burbujas de aire que las mantienen a flote.

Los animales también tienen una función en la dispersión de semillas. Las aves pueden recoger bayas y llevarlas lejos para tener un refrigerio saludable. Es posible que las aves escupan la semilla en nuevas tierras. En ocasiones, las aves y otros animales se comen las semillas. Muchas semillas tienen una cubierta protectora dura que protege la semilla. Incluso cuando las semillas son digeridas, se mueven dentro del animal y salen intactas. Las semillas están listas para crecer en suelo fértil.

excremento de oso negro con semillas

En el excremento de los animales

Las semillas son una parte importante de la dieta de muchos animales. Algunas son digeridas, pero otras no. Las semillas que no son digeridas se diseminan. El excremento les proporciona agua, calor y fertilizante. ¡Un agradecimiento a nuestros amigos animales!

¡Las personas también transportan semillas! Las personas transportan semillas en la ropa. Algunas semillas tienen espinas para asegurarse un aventón en la ropa o el pelaje. Estas espinas son la cobertura áspera que cubre la parte exterior de la semilla. ¡Es probable que hasta se te enganchen en los calcetines!

vainas de bardana

Arrastradas

Los nogales dejan caer las semillas a la tierra y las ardillas, los azulejos y otros animales pueden llevarlas. Se comen muchas de las semillas. Pero a veces las olvidan. Esas semillas se convierten en plantas nuevas, alejadas de la planta progenitora.

Dispersión de las esporas

Algunas plantas no tienen semillas. Entonces, ¿cómo se reproducen? El musgo y los helechos son algunas de las plantas más antiguas de la Tierra. Por más de 300 millones de años, se han reproducido sin usar semillas.

Un helecho es una planta sin semilla. Se reproduce mediante las esporas. Primero, produce los esporangios, que son estructuras que producen esporas. Lo esporangios se pueden ver debajo de las hojas de la fronda. Liberan las esporas al viento. Una espora es una célula que puede hacer una nueva planta. Cada espora almacena el material genético de la planta. Las esporas se convierten en **gametofitos**. Desarrollan partes tanto femeninas como masculinas. Cuando la parte femenina es fertilizada, se convierte en un **esporofito**. Un esporofito maduro es un helecho. Y el ciclo continúa.

hongo bejín
liberando esporas

24

esporangio

espora

masculino

gametofito

femenino

El ciclo de vida de un helecho

fertilización

esporangio

planta de helecho

nuevo esporofito

esporangios debajo de las hojas de la fronda

¡Crece! ¡Crece! ¡Crece!

Por más de 400 millones de años, las plantas se han reproducido con éxito. La próxima vez que estés al aire libre o en un jardín, presta atención a los tipos de plantas que te rodean. ¿Son gimnospermas con conos resistentes? ¿O son angiospermas con flores coloridas y hermosas? Examina las semillas y piensa en el camino que han recorrido hasta llegar allí. Esas semillas ayudan a crear nuevas plantas. Sin las plantas, ¡no existiríamos! Necesitamos plantas para sobrevivir.

Igual que todos los seres vivos, las plantas necesitan reproducirse para sobrevivir. El viento, el agua, los animales y las personas desempeñan una función en el proceso. Así que, la próxima vez que estés disfrutando de una refrescante limonada o un pastel de manzana, puedes agradecérselo a las plantas. Y con el conocimiento que tienes, podrás apreciar esa rebanada de pastel un poco más.

No hay lugar como el hogar

Aunque las semillas de las plantas se pueden diseminar a lugares lejanos, cada una está mejor adaptada para un hábitat determinado. Más de la mitad de todas las especies de plantas viven en los bosques húmedos. Si su hábitat principal es destruido, estas plantas no tienen una buena posibilidad de sobrevivir.

Muy vieja

La planta floreciente más antigua del mundo es una higuera sagrada llamada *Jaya Sri Maha Bodhi*, en Sri Lanka. Tiene más de 2,300 años y es el árbol vivo más viejo plantado por un ser humano.

flor de la higuera

Piensa como un científico

¿Qué planta tiene la mayor cantidad de semillas? ¡Experimenta y averígualo!

Qué conseguir

- 3 o 5 frutas diferentes
- cuchillo
- marcador
- papel
- vasos de papel

Qué hacer

1 Elige entre tres y cinco frutas diferentes para examinar. Crea una tabla similar a la que ves a la derecha. Enumera las frutas que elegiste en la columna de la izquierda.

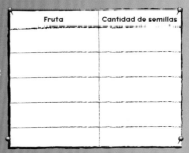

Fruta	Cantidad de semillas

2 Escribe el nombre de una fruta en cada vaso.

3 Pide a un adulto que corte la fruta en rodajas. Corta las frutas y separa las semillas. Coloca las semillas de cada fruta en el vaso correspondiente.

4 Cuenta las semillas de cada fruta. Registra tus hallazgos en la tabla. Analiza tus datos. ¿Qué fruta tenía más semillas? ¿Qué fruta tenía menos? ¿Por qué tendrían las frutas diferentes cantidades de semillas?

Glosario

angiospermas: plantas vasculares cuyas semillas están encapsuladas en el ovario

clonar: hacer una copia exacta de una persona, un animal o una planta

embrión: un ser vivo en las primeras etapas de desarrollo

esporas: células creadas por algunas plantas que son como una semilla y pueden producir una planta nueva

esporofito: una planta en la fase madura de su ciclo de vida cuando se producen las esporas

fertilización: el combinar células masculinas y femeninas para producir un nuevo ser vivo

gametofitos: plantas en la fase del ciclo de vida en la que se producen las células reproductivas

germinar: comenzar a crecer y desarrollarse

gimnospermas: plantas vasculares que tienen las semillas expuestas

híbrido: un animal o una planta producida a partir de dos animales o plantas de diferentes tipos

material genético: la información que controla las características de los seres vivos

polinización: la transferencia de polen de una flor a otra

polinizadores: los que transportan polen de una planta a otra

Índice

semilla de
fresa

¡Tu turno!

Con el foco en las flores

   Busca tres flores diferentes. Pide a un adulto que corte las flores por la mitad a lo largo del centro. Identifica y retira las partes de cada flor. ¿Puedes nombrar las partes que ves? ¿En qué se diferencian las partes de cada planta? ¿En qué se parecen? Cuéntales tus descubrimientos a tu familia y amigos.